Ogni storia
è parte della storia d'ogni uomo.
M. S.

San Francesco consegna le regole
Niccolò Antonio Colantonio
Museo di Capodimonte - Napoli -

TEMPU DI LUPI

Dal vangelo secondo il poeta

Emozioni in siciliano
di
Michele Sarrica

ISBN 978-1-291-22114-5

Leggendo l'ultimo Michele Sarrica
di
Mario Alfredo La Grua

Traduzioni
di
Francesca Mazzola

In copertina: San Francesco e il Lupo
Affresco di Binduccio Malabarba
Chiesa di San Francesco a Pienza

http://www.lulu.com/spotlight/michelesarrica
www.michelesarrica.it
michelesarrica46@libero.it

COMMENTO DELL'AUTORE

Dopo la quadrilogia, "*Abramo*" "*Barabba*" "*Giuda*" e "*Gesù*", con questa pubblicazione "*Tempu di lupi*" - riportante il medesimo sottotitolo delle precedenti, "D*al vangelo secondo il poeta*", si conclude un ciclo di "preghiere" in dialetto siciliano. Anche in questo caso la ritengo associabile alle precedenti, sia per gli intenti morali e psicologici, sia per gli esiti poetici, altamente drammatici, non solo per mia ragionata intenzione, ma per il pathos insito all'interno delle stesse storie originali.

Si è scelto di dare a questa pubblicazione il medesimo sottotitolo delle altre quattro per avvalorare ed evidenziare la medesima appartenenza genetica. Questa peculiarità si può cogliere anche dal filone da cui prende origine l'ispirazione, sebbene i tempi storici diversi e lontani, se riferiti al periodo in cui visse il Patriarca *Abramo* rispetto a *Gesù*. La continuità poetica è anche avvalorata dall'impostazione ideologica e stilistica.

I primi quattro libri, pubblicati dal luglio 2011 al febbraio 2012, fanno riferimento ad alcuni personaggi storici, notissimi. Il loro principale comune denominatore è il periodo in cui si celebra la loro esistenza e il contatto diretto che hanno avuto col protagonista della stessa storia: *Gesù*. Possiamo affermare, quindi, che *Giuda* e *Barabba* hanno "duettato" col Profeta! Ognuno di loro ha udito la sua voce, l'ha guardato negli occhi, ne ha subìto il fascino della divinità. Questi due personaggi, ritenuti causa e concausa della sua morte in croce, sono stati gli indispensabili coprotagonisti che hanno dato vita alla genesi della storia cristiana, all'emancipazione attraverso la fede e l'appartenenza ad un credo. Il loro intervento, finalizzato alla realizzazione dell'ultima scena del *Golgota,* ha permesso che si avverasse l'estrinsecazione della tragedia, riportata dagli atti degli apostoli, sinottici e apocrifi. Senza croce e senza resurrezione, la venuta di Gesù sulla terra sarebbe da considerare solo come il passaggio di uno dei tanti profeti, possibilmente, già dimenticato. Tal evento cruento, dove vita e morte si sono scambiati i ruoli, per non essere cancellato dalla labile memoria dell'uomo, viene drammatizzato e rappresentato proprio nella sequenza scenicoliturgica della Santa Messa in cui si rinnova la passione e la morte in croce di *Gesù*. Le diverse fonti testimoniali hanno consegnato ai posteri la storia di quel periodo da cui deriva la consequenziale dottrina, morale e religiosa, della *Religione Cristiana*. Senza *Barabba*, (partigiano zelota messo a confronto, suo malgrado, con *Gesù) e* senza *Giuda*, (sollecitato, nell'ultima cena, dallo stesso Gesù a interpretare la parte del traditore: *quello che devi fare fallo presto!*), oggi non esisterebbe la Chiesa, né il simbolo della croce sui campanili, né il crocefisso nelle scuole, nelle aule di giustizia, nei capezzali dei nostri letti. Ecco da quale punto di vista bisognerebbe giudicare questi personaggi e da quale prospettiva morale e religiosa prendono spunto le mie pubblicazioni! Ecco il perché, a distanza di millenni, si richiederebbe una revisione della storia e dei processi celebrati in contumacia contro questi uomini-simbolo. Ritengo che si dovrebbe riabilitare la memoria di questi servi di una volontà suprema che oltre ad avere fatto la storia l'hanno anche subita. Forse, questo revisionismo non li collocherebbe sugli altari, né li beatificherebbe pur riconoscendone l'assoluta innocenza ed estraneità ai crimini loro ascritti. Oltre a fare giustizia alla loro memoria, li valuterebbe come uomini degni di essere ricordati per i loro meriti e non per essere creduti dei comuni malfattori, con l'aggravante di essere additati come deicidi. Sarebbe un atto d'amore e di pietas il considerarli più vicini alla comune comprensione e all'affetto di chi crede. Sarebbe da cristiani riscrivere la loro storia e anche la nostra. Un atto di fede e di coraggio demandato ai tutori della morale cattolica e della Religione Cristiana.

"*Tempu di lupi*", invece, mette in scena dei personaggi contemporanei, sconosciuti, con storie minime alle spalle, ma con le medesime peculiarità di "sconfitti", di ombre che si rintanano tra le ombre per sopravvivere oltre l'opulenza, il buonismo e il pregiudizio. Sono protagonisti emarginati, posti nel recinto di una vita al limite della sopportazione umana. Questa collocazione, presa in prestito dalla nostra realtà quotidiana, non come scelta artistica, né come propellente emotivo, vuole denunciare che, ieri come oggi, la storia si ripete e non insegna nulla. Questo loro grido di sconfitti vorrebbe evidenziare, tra le lacrime della poesia, che l'uomo non è cambiato malgrado, sulla terra, siano transitati dei Santi, degli Dei e dei loro parenti.

LEGGENDO L'ULTIMO

Michele Sarrica

Il pregio più evidente della poesia di *Michele Sarrica* è essenzialmente formale e sta nel fatto che la sua è una poesia pensata in lingua siciliana e proprio per questo è poesia antiletteraria; può sembrare un paradosso ma è così. Il poeta ne è consapevole, tanto è vero che in copertina la presenta con il significativo sottotitolo "*Emozioni in siciliano*" che è tutto dire. Di solito si pensa in prosa per concetti definiti e compiuti, anche sintatticamente. *Benedetto Croce*, indispettito dall'idea che la poesia possa essere "pensata", probabilmente non sarebbe d'accordo. Più che pensata, la poesia va avvertita con anima perturbata e commossa. *Michele Sarrica* attinge la lingua della sua poesia alla sorgiva insostituibile e genuina della parlata popolana che poi è quella che serba il colore, l'umore, il sapore del linguaggio dei vicoli e dei cortili del paese, il carattere non mediato della comunicazione orale, da porta a porta, da balcone a balcone; una comunicazione non coltivata e non pettinata che non ha nulla di scolastico di appreso e disciplinato sui banchi: il contadino, il pastore, l'artigiano illetterato e non addottrinato e l'uomo della strada esprimono emozioni e sentimenti non per concetti ma per immagini, analogie e metafore. È questo elemento che distingue il linguaggio siciliano da quello per così dire italiano.

La natività della poesia di *Michele Sarrica* deriva dall'ascolto attento e geniale della parlata di popolo e dall'uso diretto e personale della medesima, vigilato da consapevolezza. Quell'uso, poi, non è quello di tanta poesia dialettale che oggi nasce con crescente sforzo di recupero e di trascrizione da una voluta trasposizione linguistica che ne offende la genuinità originaria e la intraducibilità. La parlata siciliana di popolo, particolarmente a livello gnomico (sentenze, proverbi, massime) è tutta immaginifica, non concettuale. E risale probabilmente al momento culturale in cui per esprimersi in modo rifinito e codificato mancava la lingua adulta e definitiva. Leggendo *Sarrica* avverti una immediatezza espressiva e semantica che non trovi nel manzoniano toscano illustre parlato, ma non sempre, dalla fascia sociale non incolta, quello che è in definitiva ha matrice linguistica dell'italiano grammaticale e sintattico in uso dal duecento in su. La valutazione può sembrare sottile e peregrina, ma rende l'effetto del linguaggio usato dal nostro poeta che appunto pensa in siciliano emozioni, sentimenti, impulsi espressivi interiori. Questo calarsi assiduamente nella valenza espressiva del siciliano parlato, raramente accusa in *Sarrica* qualche contaminazione con una parola italiana "necessitata", che magari suona estranea a quella puramente popolana e nativa che la omologazione scolastica di generazione in generazione va cancellando dai vicoli, dai cortili, dalle panchine al sole degli anziani; diventa sempre più problematica la perfetta corrispondenza tra il siciliano d'uso comune e quello scolastico, propiziato all'inizio dall'uso talvolta deviante ed ambiguo delle tabelline figurate il cui rischio le brave "signore maestre" di un tempo si preoccupavano ricorrendo alla verifica orale in classe e alla lavagna. *Sarrica*, nel nostro caso opera un salvataggio conservativo della spesso sacrificata parlata popolana. Non ne soffre la valenza poetica del suo linguaggio - Ne soffre un poco invece la traduzione di *Francesca Mazzola*. Detto questo sul piano dei valori formali va aggiunto che nella sua più recente produzione che non segna uno stacco da quella anteriore, vasta ed articolata, *Michele Sarrica*, figlio dello strapaese anche in sede linguistica, grazie alla sua estrazione e alla sua formazione culturale e sociologica ha dato un particolare spessore a tematiche più calde, quelle del lavoro, del divario economico, della emarginazione, delle ingiustizie e dei soprusi padronali e rappresentate nell'opera *"Tempu di lupi"* il cui titolo deriva da una calzante, efficace espressione popolana che indica un momento del vivere civile in cui vige la legge dell'oppressione e del cinismo. In tale quadro *'Ntonio*, è l'operaio tradito dalla FIAT di *Termini Imerese*, *Hassan 'u tunisinu*, *Benadir Alexandra*, *Sarah,* figure sofoclee più che pirandelliane acquistano contorni elegiaci che ne esaltano l'umanità sofferente. Non si tratta di una intenzionale scelta antologica ma di una lettura "in interiore homine" percorsa da una intensa "pietas". Nel laico *"vangelo secondo il poeta"* queste figure col denominatore di serve della vita che li accomuna, non possono non lasciare un segno nelle nostre coscienze. Così la poesia di *Michele Sarrica* si sublima in umanità e diventa consolazione. Grazie.

Mario Alfredo La Grua

'NTONIU

Servu di la vita

Dal vangelo secondo il poeta

'NTONIU
Servu di la vita

Dal vangelo secondo il poeta

I

Lu zzu *'Ntoniu*
- figghiu di viddani -
nasciu
nta 'na conca di limuna
sutta 'na luna
ca pareva roggiu
di 'n-antica chiazza di paisi

Lu suli
- amicu strittu di la cummari sorti -
si truvava ancora â cantunera
quannu si dissi ca nta la nuttata
un ancilu scinniu nta la vanedda
c'un nutricu dintra li so' vrazza

Nta la strata parsi ca si smossi
'na vintata di zagara e cannedda

La matri - *Rosina* 'a pircialàra - *
misi 'na scocca celesti nta la porta
e nta la finestra
ca dava nta lu ciumi
canciò la tenna e puru la zineffa*

Cunzò lu lettu
cu linzola di linu arraccamàti
di la bonarma di so' nanna *'Nzula*

Si fici festa duranti lu vattìu
cu cìciri caliàti e cannittìgghi
un pocu di rosoliu fattu 'n-casa
e torroncini
di mennuli e nuciddi

Lu suli s'immiscò cu l'invitati
e â faccia tosta
trasiu dintra la casa

Sunava *Pippinu* lu stagninu

Nta la strata
puru li palummi
ficiru festa dintra li pirtusa

A li vicini ci dettiru 'i cunfetti.

II

A *'Ntoniu*
prima di la partenza pi *Torino*
lu sangu ci vuggheva comu mustu

Dda matina di friddu
e di spartenza
aveva du' faiddi dintra l'occhi
e quattru lacrimi
'n-funnu a lu so' cori

Stava mutannu
la so' prima peddi

Stava lassannu
la so' vecchia matri

Stava abbannunànnu
la so' gioventù

Partìu nell'aprile del '63...
partìu
pi purtari li vrazza a lu patruni

Vuleva canciari la so' sorti
e la sorti
ci stracanciò la vita e li pinseri...
lu rivutò
comu 'na quasetta spirtusata

Nta ddi anni di friddu e pani duru
aveva chianciutu lacrimi di sangu
e agghiuttutu feli e mortificazioni

Nta la chiazza *San Carlo*
scioperu doppu scioperu
jisava sempri la bannera russa
senza mancu capiri lu pirchì

Jornu doppo jornu
muddica doppu muddica
aveva sudatu settimila cammisi
e tiratu la cinghia
'n-fina ad affucari li pinseri

Nun aveva cchiù sonnira e radici

Lu tempu
lu truvava sempri ntra li banchi
di 'na scola ca nun fineva mai

Nun aveva cchiù tempu pi campari

Nun aveva dumanni la so' rabbia
né truvava risposti la so' furia

Era un pupu vistutu di travagghiu

Sapeva sulu chi voli diri pani
catina di montaggio
sciopero ad oltranza

e cassa integrazioni

Sapeva sulu chi voli diri ‘nfernu

’Ntoniu - ‘u sicilianu testa dura -
aveva ascutatu la so’ dignità
e di la dignità vinni pistatu

Aveva nta l’aricchi li paroli
ca lu patri ci ripiteva spissu
quannu nta li so’ occhi
videva scuru.

III

Ju haiu campatu sempri
cu lu me' travagghiu
cu lu me' suduri

Nun haiu addumannàtu mai
'na muddicagghia
mancu a li me' frati
a lu me' sangu
a lu Patri eternu ca mi sapi

Nun s'addumanna mancu si si mori!

Cu' addumanna 'na vota
'na sula vota
addumanna pi sempri

Ricordatilli
sti me' quattru paroli d'ignoranti

Cu' stenni la manu
si vinni l'arma e la libertà!

IV

'Ntoniu
aveva nta lu cori la so' strata
la so' vecchia casa
tutti l'amici di la carusanza

Aveva cuntatu - jornu e notti -
tutti li stiddi fermi nta lu tettu

Si ricurdava
d'ogni faidda di la so' picciuttanza
d'ogni petra di lu so' paisi

Comu 'n-amanti
ca nun si duna paci
sinteva ancora lu ciaru di l'erva
la vuci di la terra
la banna nta la chiazza

Mmenzu lu pruvulazzu
di li so' staciuni
vidèva ancora la so' prima stidda
quannu la duminica passiava
mustrannu li so' trizzi

Cu la forza di la sopportazioni
s'aveva arricampatu li muddichi
ca li patruna
lassavanu a la genti
p'accuntintari la disperazioni.

V

Un ancilu durmeva
supra 'na panchina
'n-facci a la stazioni *Porta Nuova*
sutta 'na cutra
di stiddi e di giornali

Pinsava spissu
a la so' vanedda
a li so' vicini
a la muggheri
ca ci morsi troppu prestu
e lu lassò cu tri ancili-carusi

Sunnava spissu li so' figghi
li figghi c'avevanu partutu
pi nun ereditari la so' sorti...
pi nun assumigghiari a un operaiu
cu la matricola stampata nta la frunti

A li passeri
c'addumannàvanu muddichi
ripiteva li paroli di lu patri
li paroli
ca nun ci ficiru stenniri la manu
quannu lu pitittu
ci 'nturciuniàva puru li pinseri

A li muschi ca lu 'ncuitavanu
e a li furmichi

ca ci passiavanu di supra
cuntava - chiancennu -
la so' mortificazioni di licenziatu
di pignorato
di sfrattatu

l'ultimi granni peni
ca nun si cancellanu
mancu cu la morti.

VI

Me' matri - dda vota -
mi dissi d'arristari...
me' patri
nun mi dissi nenti...
m'abbrazzò
si 'ncarcau la coppula
e si misi a taliari
la punta di li scarpi...
chianceva
comu si stu so' figghiu
stessi acchianannu nta la cruci.

VII

Ju - carissimi furmichi -
nta la me' vita haiu travagghiatu sempri
e sti me' manu parranu pi mia

Haiu rispittatu la liggi e cu' la fici
la chiesa ca mi detti lu so' sali
li santi ca stannu 'n-paraddisu
e li santi
ca stannu ancora 'n-terra

Nun haiu tradutu mai li me' amici
la me' parola
lu sinnacatu
ca difenni 'i diritti di li travagghiatura

Haiu rispittatu sempri lu patruni
la me' fidi
la me' coscenza

Haiu chiamatu patri
cu' misi pani supra la me' tavula

Di la me' vucca
nun ha mai nisciutu 'na bestemia
né ha trasutu mai pani arrubbatu

Chi mali pottiru fari
sti manu d'operaiu
e stu cori viddanu?

Chi mali potti fari
cu' nun pista mancu 'na furmica?

Chi mali fici - ju - a lu Signuri?

Sulu lu ventu
puteva asciucari lu so' chiantu.

VIII

Si cunta e si raccunta
ca nta ‘na jurnata di sciroccu
da ‘na rama di frassinu sarvaggiu
vulò ‘na fogghia sicca

Circava
lu paraddisu nta la terra

Lu suli la vasò
prima ca la notti
stinnissi la cuperta di lu celu
e la purtassi
dintra li radici di la so’ memoria

C’era scrittu
nta ‘na pagina ammucciata di giornali
ca nta ‘na notti di nivi
quattru ancili scinneru nta la terra
pi dari ‘na cuperta a mastru *’Ntoniu*

Ci parsi ca durmeva
e lu chiamaru...

signore... signore...

Avevanu passatu centu anni
di quannu lu chiamavanu accussì

signore... signore...

'Ntoniu nun c'era cchiù

Era luntanu
nta natru munnu senza cchiù confini

Circava li so' figghi
pi vasalli
pi diricci
c'avevanu fattu priziusa la so' vita

Vuleva taliari li so' stiddi
natra vota
l'ultima vota
prima d'allapazzari la so' porta

'Ntoniu nun c'era cchiù

Era luntanu
nta natra chiazza senza cchiù panchini

La luna lu vasò
prima ca la notti stinnicchiassi
la cuperta arraccamata di lu celu
prima ca n'ancilu
lu cummugghiassi di stiddi
di giornali e di pietà

Quannu chiuderu li occhi
puru a la so' sorti
lu ventu si pusò
supra li rami

d’un frassinu sarvaggiu
e si zittiu...
a qualcunu ci parsi
di sentiri un sugghiuzzu

'Ntoniu turnava a la so’ casa
supra un trenu
di zuccaru filatu
e friscava
‘nsemmula a lu ventu
tutti li canzuni di *Natali*

Allatu a iddu c’era ‘na carusa...
la taliava
comu si dintra l’occhi avissi centu stiddi
e ci strinceva la manu
pi nun vulari luntanu di la so’ vucca

La vasava
pi essiri sicuru
ca dda luci nun fossi sulu un sonnu
ca fussi lu specchiu magicu
di la so’ raggiuni
la matri di li so’ figghi
l’unica reggina
ca scrissi la so’ storia

Si firmaru nta ‘na panchina
pusata ntra li negghi
e si taliaru...
lu tempu nun dissi mai quantu durò

'Ntoniu rideva
mentri s'avvicinava a la so' terra
a la so' strata
mentri lu so' paisi si tinceva
di canali russi
di tenni a li balcuna
di robbi stinnuti a li curdina
robbi ca parevanu banneri
ca salutavanu la genti ca passava
la genti ca s'affacciava
pi sentiri cantari a so' muggheri

E ci spuntò 'na lacrima
quannu vitti a so' matri
davanti la porta d'un palazzu...
l'aspittava
'nsemmula a so' patri
pi faricci strata nta lu paraddisu

Ci spuntò 'na lacrima
ma pi la prima vota
'Ntoniu
era felici.

IX

Lu stessu jornu
a *Termini Imerese*
- provincia di 'na città quasi scaduta -
la *FIAT*
chiudìu li porti a la spiranza

Nun c'era cchiù travagghiu
nun c'era cchiù dumani

Nta 'na jurnata
di lacrimi e di suli
detti un cauciu 'n-culu a l'operai
sbattìu li cancelli nta la faccia
a tutti li famigghi siciliani
e si misi a cuntari
quantu aveva fruttatu la *Sicilia*

Li figghi di li figghi di li re
- patruna senza lacrimi né cori -
astutàru la luci
e bonanotti a li sunatùra

L'*Italia*
nun c'era cchiù
era sulu 'na metafora azzardata.

***

Si cunta e si raccunta
ca *'Ntoniu* - 'n-paraddisu -
addivintò 'ngigneri...
progetta panchini morbidi
con vibro massaggiatore
incorporato
ed è felici...
felici...

***

HASSAN 'U TUNISINU

Servu di la vita

Dal vangelo secondo il poeta

HASSAN 'U TUNISINU
Servu di la vita

Dal vangelo secondo il poeta

I

Un picciottu
- *Hassan* 'u tunisinu -
dintra un palazzu di cartuni
pensa a li so' frati
- *Karim e Khaled* -
e chianci...

chianci
taliannu la so' vita
fatta di nenti
di scantu e di pitittu

Ntra li ruvetti di la so' memoria
c'è ancora troppu sangu
troppu miseria
troppu carusi ca mòrinu pi nenti
luntanu di lu celu e di la matri

Nta lu filu spinatu di la so' miseria
c'è ancora troppu genti
scurdata da la vita
scurdata da la sorti
scurdata...

II

Ma chi ci fazzu
dintra sta vitrina
nta stu munnu
ca mancu mi talìa?

Chi ci fannu
nta sta terra di fumu
sti me' vrazza vacanti
sti me' manu già stanchi
sta me' peddi svinnuta?

Chi ci fannu
li me' anni cchiù virdi
li me' spinni cchiù forti
li me' centu spiranzi
nta stu voscu di nenti?

Chi ci fazzu - Patri - dintra li to' vrazza?

III

Hassan
nun puteva arristari cchiù
nun puteva turnari cchiù
nun puteva campari cchiù

Era un mortu ca si cridia vivu

Si finciu pazzu
e la pazzia ci fici 'na risata

Si finciu latru
e li latri ci rumperu quattru jita

Si finciu mortu
e la morti ci fici 'na pirnacchia

Pi crìdisi vivu
arristò 'mpinnuliatu nta 'na stadda
senza la forza
di pinsari a nenti
di patìri nenti
d'aspittari nenti

Hassan nun c'era cchiù...

Era un mortu
ca s'aveva finciùtu pazzu
latru
vivu

Aveva avutu un numiru
e 'na targhetta
attaccata nta lu pedi

Ddu numiru cuntava
ch'era un picciottu
c'avia statu forti
ca lu so' avveniri
puteva essiri 'na finestra spalancata
ca la so' morti
nun era stata 'na morti naturali

Nta ddu numiru
nun c'era scritto
ca *Hassan* nun era ummira né chiuppu
c'avia la testa dura com'un sicilianu
ca puru lu so' diu si l'avia scurdatu

Ddu numiru era troppu curtu
e nun diceva nenti di spiranza
di sonnira ca fannu li picciotti
né cuntava ca *Hassan* avia scappatu
pi mannari a li so' frati
un pezzu 'i pani

Hassan nun c'era cchiù...

Nun seppi
ca puteva arristari puru cca

- *L'Italia* ci dava lu permissu -

Nun seppi
ca puteva travagghiari
passiari pi *Milanu*
pi li strati di *Palermu*
pi tutti li strati
di stu vecchiu munnu
ca nun è di nuddu
pirchì appartèni a tutti

Hassan nun seppi mai
ca puteva turnari a la so' casa

- La rivoluzioni gli dava il benvenuto -

Ma cu' era *Hassan* 'u tunisinu?

È mai esistito nella tua memoria
nella tua agendina
nella tua coscienza?

C'è 'na matri c'aspetta li so' littri?

Si la canusci
dicci ca *Hassan* è 'n-pariddisu
e nun ci servi nenti...
sulu prijeri!

BENADIR ALEXANDRA
Serva di la vita

Dal vangelo secondo il poeta

BENADIR ALEXANDRA
Serva di la vita

Dal vangelo secondo il poeta

I

Benadir Alexandra
- di *Moammed* e *Magdala di Hur* -
vinni in *Italia* nel 2003

Chianci spissu
taliannu li so' figghi
ca pi sta terra
sunnu trasparenti

Pi stu munnu ca curri
li so' farfalli
nun sunnu mancu numira

Ogni tantu li strinci
cu tutta la so' rabbia
pi dari - a li so' ancili scurdati -
un pizzuddu di celu pi vulari

Li so' figghi
nun sunnu trasparenti

Sunnu ùmmiri
'mpiccicati nta li mura

di ‘na città senza cchiù memoria
senza coscienza
e senza cchiù pietà

Li so’ figghi
nun sunnu scarabocchi
ca si ponnu cancillari
c’un catu di virnici

Sunnu àncili
ca svulazzanu scantati
nta li strati di stu vecchiu paraddisu
senza vergogna
e senza dignità

Li so’ figghi sunnu la so’ carni
lu so’ ciatu
lu so’ destinu
e lu destinu
nun si po scégghiri
né si po accattari

Ogni tantu - *Benadir* -
quannu cadi
sutta lu pisu di la so’ granni cruci
addumanna scusa a la so’ vita
e nta la prijera affunna lu duluri...
s’ammuccia
darreri quattru casci di limuna
si metti addinucchiùni
e prega...

II

Pirdunatimi
figghi
si vi detti la vita
pi saziari lu cori
cu li vostri carizzi

Pirdunatimi
si vi detti stu ponti
ca cunnuci luntanu

si vi detti sta casa
senza tettu né porti

si vi detti stu ciumi
dunni passa la morti

Pirdunatimi
figghi
si vi tegnu stritti
a lu me' cori di matri
pi sentiri ca semu ancora vivi

Pigghiati - Patri -
puru la me' vita
ma duna a li me' figghi la to' manu

Sunnu carusi
ca si cridinu farfalli.

SARAH
Serva di la vita

Dal vangelo secondo il poeta

SARAH
Serva di la vita

Dal vangelo secondo il poeta

I

La vecchia *Sarah*...

- matri di Matteo di Sabrina e Salomè
- nonna di Alexandra e Benadir Alì

...cunta la so' storia
mentri lu celu scura nta la timpa

Arricampa l'ultimi paroli
pi cunsignari a *Dio* li so' pinseri

Davanti all'occhi
avi 'na finestra
un ciumi ca sugghiuzza
un paraddisu poviru e sfriggiatu
dunni li casi
fannu pinsari
a un quatru di *Van Gogh*

Sarah
- la cchiù bedda di li setti soru -
nun si l'ha mai scurdatu la so' terra

lu so' munnu di pruvulazzu e crita
dunni la vita
è ancora 'na scummissa

Nun si po scurdari lu pitittu
la matri
li mura
dunni s'appenninu li ali
né si po scurdari lu primu trenu
lu primu amuri
la primavera...
la staciuni
ca spalancau li jorna comu granati
ca sutta lu velu biancu di sposina
ammùccianu lu meli e li rubini

Nun si po scurdari lu primu suli

Lu so' lustru
ogni matina spunta nta lu cori
baggianu
comu fussi 'nnamuratu
e ogni sira scinni nta li vrazza
pacinziusu
comu un vecchiu patri

Addiventa 'n-amicu
un cumpagnu di viaggiu
un sonnu
ca mancu la vicchiaia
po cchiù astutari

Nta ddu spicuni
dunni la vita passa arripizzannu
sonnira e quasetti
nun c'è jornu
ca nun sparti cu li gatti
lu so' pani e li so' pinseri.

II

La me' jurnata
è comu 'na catina...
ogni aneddu è un minutu
ca mi porta luntanu

Ogni ura ca passa
è 'na finestra ca sbatti...
'na petra ca s'agghiunci
a la casa c'aspetta

Ogni jornu ca mori
è un sonnu ca s'astuta...
la pagina d'un libbru
ca si chiudi pi sempri.

III

Li paroli di *Sarah*
cummogghianu lu celu di pietà

Cadi la nivi

Nta li vrazza d'un sonnu
arricampa lu suli
arricogghi li veli
canta
pi nun essiri sula

Chiama sempri li figghi
pi purtari luntanu
la so' doti di matri...
'na valiggia di stenti
dunni misi lu tempu...
compleanni e carusi
du' ritratti di vecchi
la so' storia già morta

Pensa ancora a la guerra
ca ci misi li ali
pi purtalla luntanu...
ntô 'n-paisi di luci
fattu apposta pi tutti
dunni crisci lu pani
comu l'erva e la luna
dunni spunta lu suli
p'ogni guccia e ogni petra

Senti ancora lu ventu
mentri pettina strati
affuddati di muschi
e carusi scurdati

C'è silenziu di sangu

Senti ancora un carrettu
c'arricogghi li sacchi
senza mancu 'na scritta
senza nomi né ciuri

C'è silenziu di cani

Pensa ancora a lu ventu
ca smuveva linzola
comu tanti banneri
già macchiati di sangu

La patruna e la serva
chiancèvanu abbrazzati
ntra li mura d'un celu ormai cadutu

C'è silenziu di bummi

Senti ancora lu cori
d'un picciottu ca ridi
comu ridi lu mari
quannu passa lu ventu

Cu' disigna la vita?

IV

Vatinni - mi dissi la me' terra -

Lassa chiusa la porta
e svacanta lu cori
d'ogni stizza di sangu ca ti detti...
sangu ca nun scorda
sangu ca 'ncatina a ogni petra
sangu
ca nun lassa campari la coscenza

Nun purtari luntanu
li radici ca nun dettiru ciuri

Porta sulu lu cori

Vatinni - mi dissi la me' terra -

E la vita - matrigna -
mi scippò la pupa da li manu
mi detti lu so' abitu di rosi
e m'accumpagnò mmenzu lu voscu
supra un tappitu d'erva
ca mi pareva sita

Spalancaiu li vrazza
chiudiu li occhi
pi sentiri cchiù forti lu me' cori
e mi truvaiu regina
dintra lu cori d'un ancilu-carusu

Ora
- vecchia tra li vecchi me' duluri -
staiu turnannu pi sempri
dunni m'infilàiu li primi ali
e spalancàiu lu pettu pi vulari
dintra li vrazza di la so' poesia

Staiu turnannu ntra li radici
ca mi dettiru un ciuri e centu spini
dunni la prima vota
'ncuntraiu lu me' suli
e m'innamuraiu d'ogni parola
d'ogni filu d'erva ca tuccava
d'ogni guccia d'acqua ca vasava

Ora
mentri vaiu chiudennu ogni finestra
sciogghimi li ali - fata consolazioni -
e lassami turnari
dunni la prima vota
mi vitti bedda dintra li so' occhi

Lassami turnari
dunni mi ntisi battiri lu cori
quannu m'arriparò cu li so' vrazza
comu 'n'aceddu
mentri fora chiovi

Mi vosi vicinu lu me' suli
pi tutta la vita
pi tutti li staciuni di la vita

Ora è luntanu
nta 'na terra di casi senza porti
senza finestri
senza tetti c'ammùccianu li stiddi

Mi chiama ancora Nica
Nica mia
Nica ca s'intanò nta lu so' cori
comu funtana mmenzu la so' chiazza

Dici ca è stancu
di stàrimi luntanu
è stancu
com'è stanca puru la me' ummira
di stari ancora cca
sutta stu celu ca si scurdò di mia

Lassami turnari
- vita senza cchiù vita -
nta la nostra casa ntra li negghi
dintra li so' radici di jinestra

Lassami ammucciàri natra vota
dintra li me' sonnira cchiù stanchi
nta li so' occhi
di mari senza funnu

Astùtami la luna... pi fauri!

Astùtami la luna!

Traduzioni
di
Francesca Mazzola

ANTONIO
Servo della vita

Dal vangelo secondo il poeta

I

Lo zio *Antonio*
- figlio di contadini -
nacque
in una conca di limoni
sotto una luna
che sembrava orologio
di un'antica piazza di paese

Il sole
-amico intimo della comare sorte -
si trovava ancora all'angolo della strada
quando si disse che durante la notte
un angelo era sceso nella stradina
con un neonato dentro le sue braccia

Nella strada sembrò che scendesse
una ventata di zagara e cannella

Sua madre - *Rosina* la "pircialara" -
mise un fiocco celeste sulla porta
e nella finestra
che dava sul fiume
cambiò le tende e pure la "zineffa"

Preparò il letto
con lenzuola di lino ricamate
dalla buonanima di sua nonna *Vincenzina*

Si fece festa durante il battesimo
con ceci abbrustoliti e cannellini
un poco di rosolio fatto in casa
e torroncini
di mandorle e nocciole

Il sole s'intrufolò tra gli invitati
e con faccia tosta
entrò dentro la casa

Suonava *Peppino* lo stagnino

Nella strada
pure i colombi
fecero festa dentro le loro tane

Ai vicini diedero i confetti.

II

Ad *Antonio*
prima della partenza per *Torino*
il sangue gli bolliva come mosto

Quella mattina fredda
e di separazione
aveva due scintille dentro gli occhi
e quattro lacrime
in fondo al cuore

Stava mutando
la sua prima pelle

Stava lasciando
la sua vecchia madre

Stava abbandonando
la sua gioventù

Partì nell'aprile del '63...
partì
per portare le braccia al padrone

Voleva cambiare la sua sorte
e la sorte
gli cambiò la vita e i pensieri...
lo rigirò
come un calzino bucato

In quegli anni di freddo e pane duro
aveva pianto lacrime di sangue
e inghiottito fiele e mortificazioni

A piazza *San Carlo*
sciopero dopo sciopero
alzava sempre la bandiera rossa
senza nemmeno capire il perché

Giorno dopo giorno
mollica dopo mollica
aveva sudato settemila camicie
e tirato la cinghia
fino ad affogare i suoi pensieri

Non aveva più sogni né radici

Il tempo
lo trovava sempre tra i banchi
di una scuola che non finiva mai

Non aveva più tempo per vivere

Non aveva domande la sua rabbia
né trovava risposta la sua furia

Era un burattino vestito da lavoro

Sapeva solo che vuole dire pane
catena di montaggio
sciopero ad oltranza

e cassa integrazione

Sapeva soltanto che vuole dire inferno

Antonio - il siciliano testa dura -
aveva ascoltato la sua dignità
e dalla dignità venne pestato

Aveva nelle orecchie le parole
che il padre gli ripeteva spesso
quando nei suoi occhi
vi scorgeva buio.

III

Io ho vissuto sempre
con il mio lavoro
con il mio sudore

Non ho elemosinato mai
una briciola di pane
nemmeno ai miei fratelli
al mio sangue
al Padre eterno
che conosce le mie necessità

Non si domanda nemmeno se si muore!

Chi domanda una volta
una sola volta
domanda per sempre

Ricordale
queste mie quattro parole d'ignorante

Chi stende la mano
si vende l'anima e la libertà!

IV

Antonio
aveva nel cuore la sua strada
la sua vecchia casa
tutti gli amici avuti in gioventù

Aveva contato - giorno e notte -
tutte le stelle ferme sopra il tetto

Ricordava
ogni cosa della sua adolescenza
ogni pietra del suo paese

Come un amante
che non si dà pace
sentiva ancora l'odore dell'erba
la voce della terra
la banda nella piazza

In mezzo alla polvere
delle sue stagioni
vedeva ancora la sua prima stella
quando la domenica passeggiava
mostrando le sue trecce

Con la forza della sopportazione
aveva raccolto le molliche
che i padroni
lasciavano alla gente
per accontentare la disperazione.

V

Un angelo dormiva
sopra una panchina
di fronte la stazione *Porta Nuova*
sotto una coperta
di stelle e di giornali

Pensava spesso
alla sua stradina
ai suoi vicini
alla moglie
che gli era morta troppo presto
e l'aveva lasciato con tre angeli-ragazzi

Sognava spesso i suoi figli
i figli ch'erano partiti
per non ereditare la sua sorte...
per non somigliare a un operaio
con la matricola stampata sulla fronte

Ai passeri
che domandavano molliche
ripeteva le parole del padre
le parole
che non gli fecero stendere la mano
nemmeno quando la fame
gli attorcigliava pure i pensieri

Alle mosche che lo inquietavano
e alle formiche

che gli passeggiavano di sopra
raccontava - piangendo -
la sua mortificazione di licenziato
di pignorato
di sfrattato
le ultime grandi pene
che non si cancellano
nemmeno con la morte.

VI

Mia madre - quella volta-
mi disse di restare...
mio padre
non mi disse niente...
mi abbracciò
si aggiustò la coppola
e si mise a guardare
la punta delle scarpe...
piangeva
come se suo figlio
stesse salendo in croce.

VII

Io - carissime formiche -
nella mia vita ho lavorato sempre
e queste mie mani parlano per me

Ho rispettato la legge e chi l'ha fatta
la chiesa che mi ha dato il suo sale
i santi che stanno in paradiso
e i santi
che stanno ancora in terra

Non ho tradito mai i miei amici
la mia parola
il sindacato
che difende i diritti dei lavoratori

Ho rispettato sempre il mio padrone
la mia fede
la mia coscienza

Ho chiamato padre
chi mise pane sopra la mia tavola

Dalla mia bocca
non è mai uscita una bestemmia
né mai è entrato del pane rubato

Che male hanno potuto fare
queste mani di operaio
e questo cuore contadino?

Che male ha potuto fare
chi non calpesta nemmeno una formica?

Che male ho fatto - io - al mio Signore?

Solo il vento
poteva asciugare le sue lacrime.

VIII

Si dice e si racconta
che in un giorno di scirocco
da un ramo di frassino selvatico
volò una foglia secca

Cercava
il paradiso sulla terra

Il sole la baciò
prima che la notte
stendesse la coperta del cielo
e la portasse
dentro le radici della sua memoria

C'era scritto
in una pagina nascosta di giornale
che in una notte di neve
quattro angeli scesero in terra
per dare una coperta a mastro *Antonio*

Gli sembrò che dormisse
e lo chiamarono...

signore... signore...

Erano trascorsi cent'anni
da quando lo chiamavano così

signore... signore...

Antonio non c'era più

Era lontano
in un altro mondo senza più confini

Cercava i suoi figli
per baciarli
per dirgli
che avevano impreziosito la sua vita

Voleva guardare le sue stelle
un'altra volta
l'ultima volta
prima di sbarrare la sua porta

Antonio non c'era più

Era lontano
in un'altra piazza senza più panchine

La luna lo baciò
prima che la notte distendesse
la coperta ricamata del cielo
prima che un angelo
lo coprisse di stelle
di giornali e di pietà

Quando chiusero gli occhi
anche alla sua sorte
il vento si posò
sopra i rami

di un frassino selvatico
e si zittì...
a qualcuno gli sembrò
di sentire un singhiozzo

Antonio tornava alla sua casa
sopra un treno
di zucchero filato
e fischiava
insieme al vento
tutte le canzoni del *Natale*

Accanto a lui c'era una ragazza...
la guardava
come se dentro gli occhi avesse cento stelle
e le stringeva la mano
per non volare lontano dalla sua bocca

La baciava
per essere sicuro
che quella luce non fosse solo un sogno
che fosse lo specchio
della sua ragione
la madre dei suoi figli
l'unica regina
che aveva scritto la sua storia

Si fermarono in una panchina
posata tra le nuvole
e si guardarono...
il tempo non disse mai quanto durò

Antonio rideva
mentri s'avvicinava alla sua terra
alla sua strada
mentre il suo paese si tingeva
di tegole rosse
di tende ai balconi
di panni sciorinati nei cordini
panni che sembravano bandiere
che salutavano la gente che passava
la gente che s'affacciava
per sentire cantare a sua moglie

E gli spuntò una lacrima
quando vide sua madre
davanti la porta di un palazzo...
l'aspettava
insieme a suo padre
per fargli strada nel paradiso

Gli spuntò una lacrima
ma per la prima volta
Antonio
era felice.

IX

Lo stesso giorno
a *Termini Imerese*
- provincia di una città quasi scaduta -
la *FIAT*
chiuse le porte alla speranza

Nun c'era più lavoro
non c'era più domani

In un giorno
di lacrime e di sole
diede un calcio in culo agli operai
ha sbattuto i cancelli in faccia
a tutte le famiglie siciliane
e si è messa a contare
quanto aveva fruttato la *Sicilia*

I figli dei figli dei re
- padroni senza lacrime né cuore -
spensero la luce
e buonanotte ai suonatori.

L'Italia
nun c'era più
era solo una metafora azzardata.

***

Si dice e si racconta
che *Antonio* - in paradiso –
diventò ingegnere...
progetta panchine morbide
con vibro massaggiatore
incorporato
ed è felice...
felice...

***

HASSAN IL TUNISINU
Servo della vita

Dal vangelo secondo il poeta

I

Un giovane
- *Hassan* il tunisino -
dentro un palazzo di cartone
pensa ai suoi fratelli
- *Karim e Khaled* -
e piange...

piange
guardando la sua vita
fatta di niente
di paura e di fame

Tra i rovi della sua memoria
c'è ancora troppo sangue
troppa miseria
troppi ragazzi che muoiono per niente
lontano dal cielo e dalla madre

Nel filo spinato della sua miseria
c'è ancora troppa gente
dimenticata dalla vita
dimenticata dalla sorte
dimenticata...

II

Ma che ci faccio
dentro questa vetrina
in questo mondo
che nemmeno mi guarda?

Che ci fanno
in questa terra di fumo
queste mie braccia vuote
queste mie mani stanche
questa mia pelle svenduta?

Che ci fanno
i miei anni più verdi
i miei desideri più forti
le mie cento speranze
in questo bosco di niente?

Che ci faccio - Padre - dentro le tue braccia?

III

Hassan
non poteva restare più
non poteva tornare più
non poteva campare più

Era un morto che si credeva vivo

Si è finto pazzo
e la pazzia gli fece una risata

Si finse ladro
e i ladri gli ruppero quattro dita

Si finse morto
e la morte gli fece una pernacchia

Per credersi vivo
rimase a penzolare in una stalla
senza la forza
di pensare a niente
di patire niente
d'aspettare niente

Hassan non c'era più...

Era un morto
che si era finto pazzo
ladro
vivo

Aveva avuto un numero
e una targhetta
legata al piede

Quel numero raccontava
ch'era un giovane
ch'era stato forte
che il suo avvenire
poteva essere una finestra spalancata
che la sua morte
non era stata una morte naturale

In quel numero
non c'era scritto
che *Hassan* non era ombra né pioppo
che aveva la testa dura come un siciliano
che anche il suo dio l'aveva dimenticato

Quel numero era troppo corto
e non diceva nulla di speranza
dei sogni che fanno i giovani
né raccontava che *Hassan* era fuggito
per mandare ai suoi fratelli
un pezzo di pane

Hassan non c'era più...

Non seppe
che poteva rimanere anche qui

- L'*Italia* gli dava il permesso -

Non seppe
che poteva lavorare
passeggiare per *Milano*
per le strade di *Palermo*
per tutte le strade
di questo vecchio mondo
che non è di nessuno
ché appartiene a tutti

Hassan non seppe mai
che poteva tornare a casa sua

- La rivoluzione gli dava il benvenuto -

Ma chi era *Hassan* il tunisino?

È mai esistito nella tua memoria
nella tua agendina
nella tua coscienza?

C'è una madre che aspetta le sue lettere?

Se la conosci
dille che *Hassan* è in paradiso
e non gli serve niente...
solo preghiere!

BENADIR ALEXANDRA
Serva della vita

Dal vangelo secondo il poeta

I

Benadir Alexandra
- di *Moammed* e *Magdala di Hur* -
venne in *Italia* nel 2003

Piange spesso
guardando i suoi figli
che per questa terra
sono trasparenti

Per questo mondo che corre
le sue farfalle
non sono nemmeno numeri

Ogni tanto le stringe
con tutta la sua rabbia
per dare - ai suoi angeli dimenticati -
un pezzetto di cielo per volare

I suoi figli
non sono trasparenti

Sono ombre
incollate sui muri

di una città senza memoria
senza coscienza
senza più pietà

I suoi figli
non sono scarabocchi
che si possono cancellare
con un secchio di vernice

Sono angeli
che svolazzano spaventati
nelle strade di questo vecchio paradiso
senza vergogna
e senza dignità

I suoi figli sono la sua carne
il suo respiro
il suo destino
e il destino
non si può scegliere
né si può comprare

Ogni tanto - *Benadir* -
quando cade
sotto il peso della sua grande croce
chiede scusa alla vita
e nella preghiera affonda il suo dolore...
si nasconde
dietro quattro casse di limoni
si mette in ginocchio
e prega...

II

Perdonatemi
figli
se vi ho dato la vita
per saziare il mio cuore
con le vostre carezze

Perdonatemi
se vi ho dato questo ponte
che porta lontano

se vi ho dato questa casa
senza tetto né porte

se vi ho dato questo fiume
dove passa la morte

Perdonatemi
figli
se vi tengo stretti
al mio cuore di madre
per sentire che siamo ancora vivi

Prenditi - Padre -
anche la mia vita
ma dona ai miei figli la tua mano

Sono ragazzi
che si credono farfalle.

SARAH
Serva della vita

Dal vangelo secondo il poeta

I

La vecchia *Sarah*...

- *madre di Matteo di Sabrina e Salomè*
- *nonna di Alexandra e Benadir Alì*

racconta la sua storia
mentri il cielo imbrunisce sulla collina

Raccoglie le ultime parole
per consegnare a *Dio* i suoi pensieri

Dinanzi agli occhi
ha una finestra
un fiume che singhiozza
un paradiso povero e sfregiato
dove le case
fanno pensare
a un quadro di *Van Gogh*

Sarah
- la più bella delle sette sorelle –
non l'ha mai dimenticata la sua terra

il suo mondo di polvere e di creta
dove la vita
è ancora una scommessa

Non si può scordare la fame
la madre
i muri
dove si appendono le ali
né si può scordare il primo treno
il primo amore
la primavera...
la stagione
che ha spalancato i giorni come melograni
che sotto il velo bianco di sposina
nascondono il miele e i rubini

Non si può dimenticare il primo sole

La sua luce
ogni mattina spunta nel cuore
elegante
come fosse innamorata
e ogni sera scende tra le braccia
paziente
come un vecchio padre

Diventa un amico
un compagno di viaggio
un sogno
che nemmeno la vecchiaia
riesce più a spegnere

In quell'angolo
dove la vita passa rattoppando
sogni e calzette
non c'è giorno
che non divide con i gatti
il suo pane e i suoi pensieri.

II

La mia giornata
è come una catena...
ogni anello è un minuto
che mi porta lontano

Ogni ora che passa
è una finestra che sbatte...
una pietra che si aggiunge
alla casa che aspetta

Ogni giorno che muore
è un sogno che si spegne...
la pagina di un libro
che si chiude per sempre.

III

Le parole di *Sarah*
coprono il cielo di pietà

Cade la neve

Tra le braccia di un sogno
raccoglie il sole
ammaina le vele
canta
per non essere sola

Chiama sempre i suoi figli
per portare lontano
la sua dote di madre...
una valigia di stenti
dove ha messo il suo tempo...
compleanni e ragazzi
due ritratti di vecchi
la sua storia già morta

Pensa ancora alla guerra
che le ha messo le ali
per portarla lontano...
in un paese di luci
fatto apposta per tutti
dove cresce il pane
come l'erba e la luna
dove spunta il sole
per ogni goccia e ogni pietra

Sente ancora il vento
mentre pettina strade
affollate di mosche
e di ragazzi scordati

C'è silenzio di sangue

Sente ancora un carretto
che raccoglie dei sacchi
senza nemmeno una scritta
senza nomi né fiori

C'è silenzio di cani

Pensa ancora al vento
che muoveva lenzuola
come tante bandiere
già macchiate di sangue

La padrona e la serva
piangevano abbracciati
tra le mura di un cielo caduto

C'è silenzio di bombe

Senti ancora il cuore
d'un ragazzo che ride
comu ride il mare
quannu passa la brezza

Chi disegna la vita?

IV

Vattene - mi disse la mia terra -

Lascia chiusa la porta
e svuota il tuo cuore
d'ogni goccia di sangue che ti ho dato...

sangue che non dimentica
sangue che incatena ad ogni pietra
sangue
che non lascia vivere la coscienza

Non portare lontano
le radici che non diedero fiori

Porta solo il cuore

Vattene - mi disse la mia terra -

E la vita - matrigna -
mi strappò la bambola dalle mani
mi diede il suo abito di rose
e mi accompagnò in mezzo al bosco
sopra un tappeto d'erba
che mi sembrava seta

Spalancai le braccia
chiusi gli occhi
per ascoltare più forte il mio cuore
e mi trovai regina
dentro il cuore di un angelo-ragazzo

Ora
- vecchia tra i miei vecchi dolori -
sto tornando per sempre
dove mi sono messa le prime ali
e ho spalancato il petto per volare
dentro le braccia della sua poesia

Sto tornando tra le radici
che mi diedero un fiore e cento spine
dove la prima volta
incontrai il mio sole
e m'innamorai d'ogni parola
d'ogni filo d'erba che toccava
d'ogni goccia d'acqua che baciava

Ora
mentre vado chiudendo ogni finestra
scioglimi le ali - fata consolazione -
e lasciami tornare
dove la prima volta
mi sono vista bella dentro i suoi occhi

Lasciami tornare
dove ho sentito battere il mio cuore
quando mi riparò con le sue braccia
come un uccello
mentre fuori piove

Mi ha voluto vicino il mio sole
per tutta la vita
per tutte le stagioni della vita

Ora è lontano
in una terra di case senza porte
senza finestre
senza tetti che nascondono le stelle

Mi chiama ancora Piccola
Piccola mia
Piccola che si è intanata nel suo cuore
come fontana in mezzo alla sua piazza

Dice ch'è stanco
di starmi lontano
è stanco
com'è stanca anche la mia ombra
di stare ancora qui
sotto questo cielo che si scordò di me

Lasciami tornare
- vita senza più vita -
nella nostra casa tra le nuvole
dentro le sue radici di ginestra

Lasciami nascondere un'altra volta
dentro i miei sogni più stanchi
nei suoi occhi
di mare senza fondo

Spegnimi la luna... per favore

Spegnimi la luna!...

GLOSSARIO

"Zineffa"

Bastone comunemente di legno, con anelli o con binari applicati in alluminio. Serve per appendere le tende e poterle aprire e chiudere con un meccanismo azionato da cordini.

"Pircialàra"

Il soprannome deriva da un antico mestiere esercitato esclusivamente dagli uomini. - 'I pircialari - erano operai addetti a frantumare sassi o breccia, da cui derivava il brecciolino utilizzato per coprire strade sterrate o come sottofondo di strade asfaltate. In siciliano "pirciali". Jittari lu pirciali: coprire di breccia una strada sterrata.

INDICE

Ed. Lulu.com
Finito di stampare presso gli stabilimenti di Lulu.com
nel mese di gennaio 2013

www.ingramcontent.com/pod-product-compliance
Ingram Content Group UK Ltd.
Pitfield, Milton Keynes, MK11 3LW, UK
UKHW020220250726
13967UKWH00001B/107

9 781291 221145